AF229778

UN DERNIER MOT

SUR

LE SUFFRAGE UNIVERSEL

ET SUR

LES CANDIDATURES OFFICIELLES

PAR

M. HEULHARD DE MONTIGNY

Président honoraire de la Cour impériale de Bourges,

Officier de la Légion d'honneur,

Ancien député de la Nièvre & du Cher.

17 mai 1869.

PARIS

E. DENTU, LIBRAIRE-ÉDITEUR

PALAIS-ROYAL, 17 ET 19, GALER D'ORLÉANS

1869

UN DERNIER MOT

SUR

LE SUFFRAGE UNIVERSEL

ET SUR

LES CANDIDATURES OFFICIELLES

CHAPITRE PREMIER.

Mode d'exercice du droit électoral depuis 1789 jusqu'à la Convention.

Dans un précédent écrit, j'ai démontré que le gouvernement représentatif était une institution nationale, qu'en France *la souveraineté*, en remontant à la plus haute antiquité et descendant de 1789, avait toujours été représentée (1).

J'ai pensé qu'il pouvait être utile d'indiquer quels ont été

---

(1) Sous le titre : *La Réforme électorale*, Dentu, éditeur, Paris, 1861.

les différents modes de la représentation qui, depuis cette époque, ont été mis en usage, et de comparer leurs avantages ou leurs inconvénients respectifs.

Les trois ordres qui, depuis l'établissement du régime féodal, représentaient concurremment la nation, durent par leur réunion en une assemblée unique, dans la mémorable nuit du 4 août 1789, prendre le nom d'Assemblée nationale, puisque, par leur fusion, ils *représentaient toute la nation*.

Ce fut cette Assemblée qui, fidèle interprète des vœux émis dans les cahiers des bailliages, dont elle était, par là même, devenue seule mandataire, proclama l'égalité des droits et des devoirs du citoyen français; qui, par décret du 22 décembre 1789, et après avoir nommé un comité de douze de ses membres les plus compétents, auxquels elle donna la mission de rédiger un projet de constitution applicable à toutes les provinces dont se composait la France, réglementa, mais ne créa pas le mode de représentation de la souveraineté nationale, c'est-à-dire le mode d'exercer le droit électoral; qui, ne perdant pas de vue les principes conservateurs des sociétés, ne plaça pas tous les habitants du sol français dans une seule et même catégorie : elle déclara citoyens actifs tous ceux qui réunissaient alors les conditions dont il était indispensable de justifier, citoyens non actifs, ceux qui, ne les réunissant pas encore, pourraient les acquérir; qui, enfin, prenant en considération les droits, plus ou moins étendus, que chaque sociétaire pouvait avoir dans la représentation nationale, prit pour base de la représentation :

1° La population,

2° La contribution foncière, c'est-à-dire la propriété,

3° L'étendue du territoire ; — et qui après avoir fixé à 750 le nombre des députés qui devaient être nommés pour former le Corps législatif, en attribua le tiers, c'est-à-dire 250, à la population, pareil nombre à la propriété et pareil nombre au territoire.

Toutes les élections qui suivirent, jusqu'à la révolution de 1848, furent faites d'après les mêmes bases. Mais le gouvernement provisoire, issu de l'émeute et de la violence, trouva plus simple d'attribuer à une seule de ses bases, c'est-à-dire au nombre, toute la représentation de la souveraineté nationale ; de dispenser les électeurs de l'obligation de justifier d'une contribution quelconque ; de reduire à six mois le domicile exigé ; enfin, de lever l'obstacle résultant de l'état de domesticité.

Ces législateurs improvisés avaient d'autres vues que les législateurs de 1789. Ceux-ci s'étaient proposé d'asseoir la société sur des bases solides et durables ; ceux-là de créer un état de choses nouveau où la classe inférieure serait seule en possession de la souveraineté. Il fallait donc avant tout favoriser ceux qui les avaient portés au pouvoir et auraient intérêt à les y maintenir.

Ils avaient facilement compris qu'ils ne pourraient espérer

d'appui que dans cette vile multitude se composant d'individus déclassés, de désœuvrés, d'ignorants faciles à séduire et en général peu favorisés par la fortune, tous alors se pressant dans des clubs et réunions politiques où étaient, comme aujourd'hui, souvent professées les doctrines les plus subversives. Cette catégorie d'individus, n'offrant à la société aucune garantie, n'est pas, en Angleterre, admise à voter dans les élections. Blackstone, écrivain célèbre, s'est à cet égard expliqué très-clairement dans ses commentaires sur les lois anglaises : « La véritable raison, dit-il, qui fait que « l'on exige certaines qualités dans les électeurs relative- « ment aux biens qu'ils possèdent, c'est afin d'exclure ceux « que la bassesse de leur extraction fait présumer de n'être « pas dans le cas d'avoir une volonté à eux. Les gens « puissants ou adroits auraient alors, dans les élections, « une influence incompatible avec la liberté qui doit y « régner (1). »

Aussi, l'un des plus puissants moyens de conserver leur pouvoir qu'aient pu imaginer ces téméraires législateurs, fut-il de proclamer le suffrage universel qui consacre le principe le plus anti-social, le plus contraire à la saine politique.

Ce fut au nom de la liberté qu'ils le proclamèrent : mais la liberté en a-t-elle été et pouvait-elle en être le résultat ?

---

(1) Blackstone, *Commentaires sur les lois anglaises*, édition de Bruxelles 1771.

La constitution de 1852 avait inscrit dans son programme la réalisation des principes de 1789. Le suffrage universel, tel qu'il est pratiqué, est-il la réalisation de ces mêmes principes ? Telles sont les questions que je me suis proposé d'examiner.

Avant d'entrer dans l'examen des deux questions que je viens de poser, il est nécessaire de rappeler, en peu de mots, les graves événements qui précédèrent le coup d'État du 13 brumaire an viii, date de l'origine du premier empire.

On sait qu'après la chute du trône, renversé le 10 août 1792, une Convention nationale fut convoquée, et que dans sa première séance, le 21 septembre, alors qu'à peine les députés étaient en nombre suffisant pour prendre légalement une délibération, cette assemblée décréta la fondation de la république ; que, pendant les trois années de son existence, il s'éleva dans son sein de fréquents orages à la suite desquels furent prises les résolutions les plus violentes : telles que la création du gouvernement révolutionnaire, l'immolation de toute supériorité accessible à la délation des envieux, la loi des suspects qui répandit la terreur dans tous les rangs de la société, la condamnation à la mort, le bannissement et la déportation de cent de ses membres les plus marquants. Ainsi la Convention se mutilant elle-même offrait à chaque occasion l'effrayante image de Saturne dévorant successivement ses enfants.

Qui pourrait dire ce que serait devenue la France si la

journée du 9 thermidor ne fût venue mettre un terme à sa déplorable situation?

Il me paraît indispensable de faire quelques observations sur cette dernière révolution, si mal ou si imparfaitement comprise.

Pour m'expliquer plus nettement, et d'une manière qui semblera plus impartiale au lecteur, je reproduirai le passage suivant du premier écrit politique que je me permis de publier à une époque où il était peut-être dangereux de révéler le fond de sa pensée.

« Je ne parlerai point à demi-mot, disais-je dans cet écrit ; « je m'ouvrirai avec franchise et en homme libre.

« Je dis que j'ai été d'abord fâché de voir tomber Robes-
« pierre avant ses complices. Depuis peu, il les poursuivait
« avec persévérance, il voulait briser des instruments dange-
« reux. Il y aurait eu peut-être, dans ce retard, plus d'espoir
« pour la patrie que dans la mort présente de cet adroit, de
« ce fourbe ambitieux, car il eût été probable qu'après avoir
« terrassé ses rivaux, ses appuis, sa propre confiance l'eût
« perdu, et qu'il n'eût pas tardé, comme le chêne orgueilleux
« resté seul sur la montagne, à être renversé par les orages.

« Quels qu'eussent pu être, au surplus, les événements,
« nous pouvons nous féliciter de sa chute, ne fût-ce que
« pour les innocents qui ont échappé au carnage. Mais cette
« chute ne doit point être attribuée à la partie saine de la
« Convention, car l'effroi qu'il avait su inspirer subsistait

« toujours ; elle est due à ces insignes scélérats qu'il eut
« l'impolitique de signaler tous à la fois ; et ceux-ci, com-
« prenant leur intérêt personnel, se sont unis sans s'aimer
« et sous le prétexte de l'intérêt public qui ne fut j'amais
« pour eux qu'un mot dérisoire. N'est-ce pas à l'occasion
« du rapport de Saint-Just, dirigé contre plusieurs d'entre
« eux, qu'ils se sont empressés d'ouvrir la lutte dont ils sont
« restés victorieux ?

« Nul doute que les députés bien intentionnés ne les aient
« secondés, mais entraînés, sans le savoir, par le parti
« conjuré.

« Ceux qui, les premiers, demandèrent l'arrestation et la
« mort de Robespierre ne furent-ils pas les Billaud-Varennes,
« les Collot-d'Herbois, les Barras, les Tallien, et tous les au-
« teurs de la loi du 22 prairial que je ne nomme pas. Il ne
« faut qu'avoir étudié avec attention les événements qui ont
« précédé et suivi cette mémorable journée, pour être con-
« vaincu de ce que j'avance. Que de manœuvres employées
« pour arrêter et enchaîner l'essor de l'indignation publique,
« dont l'effervescence effrayait, à juste titre, les nombreux
« successeurs de Robespierre ! Combien de demi-mesures,
« de faiblesses, de lenteur avant de lever le voile qui cachait
« tant d'opprobre et de forfaits ! N'avons-nous pas vu les
« jacobins autorisés à rentrer dans leur caverne ! leur san-
« guinaire et hideux Marat transporté avec pompe au Pan-
« théon ! les comités révolutionnaires conservés ! la terreur
« prolongée et justifiée ouvertement ! N'avons-nous pas été

« témoins, dans le procès de Carrier, l'organisateur des
« noyades de Nantes, de l'établissement de ces formes tor-
« tueuses de procédure imaginées pour le sauver, lui et
« ses semblables? Si enfin il a été arraché à la Convention
« par les cris du peuple courroucé, la sécurité des membres
« des anciens comités du gouvernement en a-t-elle dimi-
« nué? N'a-t-il pas fallu six mois d'attente aux députés pros-
« crits avant qu'il leur fût permis de rentrer dans une assem-
« blée dont leur honorable fermeté les avait fait exclure?

« Tout prouve jusqu'à l'évidence que c'est la mésintelli-
« gence et l'incapacité de nos tyrans qui nous ont laissé
« le temps de prendre haleine. Forcés de faire périr Robes-
« pierre, sous le prétexte de ses crimes, ils n'ont pu que
« balbutier lorsqu'on a demandé où étaient ses complices.

« Oui, c'est l'erreur générale sur les causes de la journée
« du 9 thermidor qui a fait notre salut. Presque tous les gens
« de bien ont cru qu'on avait voulu substituer le règne des
« lois à l'arbitraire. C'est cette conviction salutaire, quoique
« mal fondée, qui encourageait les opprimés et réveillait
« en eux l'énergie éteinte par une longue persécution ; qui a
« fait retentir la voûte de la Convention de ces adresses pa-
« thétiques et hardies qui ont fait pâlir et déconcerter ces
« orgueilleux montagnards » (1).

Lorsque je publiai cet écrit j'étais jeune ; je n'avais que
vingt trois ans, la jeunesse est quelquefois téméraire. Mais je

____

(1) *La Lanterne de Diogène*, 30 ventôse an iii de la République (1795).

ne crains pas de déclarer que ce que j'écrivais en 1795, que le jugement que je portais sur les auteurs ou provocateurs de la journée du 9 thermidor, si j'étais mis en demeure de me prononcer, serait aujourd'hui, et à 75 ans de distance, encore le même, parce que les événements qui depuis se sont produits n'ont fait que me confirmer dans ma conviction qu'alors je n'ai dit que la simple vérité.

CHAPITRE II.

Exercice du droit électoral depuis la Convention jusqu'au Directoire.

L'intervalle qui sépara le 9 thermidor de la présentation de la loi du 5 fructidor an ɪɪɪ fut rempli par la discussion de quelques lois réparatrices que la Convention ne pouvait refuser aux réclamations fortement appuyées par l'opinion publique, puis par celle de la constitution destinée à remplacer celle de 1791, objet spécial de sa mission.

Enfin cette œuvre importante, si longtemps attendue, fut déclarée terminée le 5 fructidor de l'an ɪɪɪ par le décret qui convoqua les assemblées primaires à l'effet, par les Français, de se prononcer sur l'acceptation ou le refus d'acceptation de la nouvelle constitution (1).

---

(1) La Constitution dite de l'an ɪɪɪ.

La Convention ne se borna pas à cette mesure prépa-
ratoire, elle convoqua les électeurs pour avoir à procéder, le
20 vendémiaire suivant, à la nomination de la législature
qui devait la remplacer, en déclarant, dans le même décret,
que les électeurs seraient tenus de prendre parmi les membres de la Convention, les deux tiers des députés qui devaient
composer le Corps législatif nouveau, sans qu'il leur fût permis de choisir aucun des membres de la Convention qui se
trouvaient alors dans le cas de détention.

On conçoit qu'après les douloureuses épreuves qu'avait
eu pendant plus de trois années à subir la nation, elle ne
devait pas s'attendre à être obligée de faire le sacrifice de sa
liberté électorale, la plus précieuse de ses libertés. Aussi de
toutes parts se firent entendre des réclamations et des protestations énergiques, dont plusieurs parvinrent jusqu'à la
barre même de la Convention. Mais cette assemblée, loin de
vouloir céder, fut de plus en plus irritée par ces diverses
manifestations ; ne craignit pas, dans sa séance du premier
vendémiaire an IV, de venir déclarer que la constitution
avait été acceptée à la majorité de 914,854 suffrages sur
958,226 votants, et que le décret du 5 fructidor avait été
également accepté (1).

Il est bon de remarquer que le rapporteur de la déclara-

---

(1) J'ignore ce qui s'est passé dans les autres départements ; mais dans le mien
(la Nièvre) où, pour la première fois, j'exerçais mon droit électoral, je m'élevai
énergiquement contre les dispositions du décret du 5 fructidor, qui fut à l'unani-
mité rejeté par l'assemblée primaire de mon canton.

tion relative au nombre des votants garda le silence sur le nombre des électeurs qui avaient voté pour l'acceptation du décret du 5 fructidor, et qu'il ne l'aurait pu sans faire une déclaration mensongère. En effet, le nombre des députés à élire pour la formation du Corps législatif était de 750, et puisqu'il était nécessaire que les deux tiers, c'est-à-dire 500, fussent pris parmi les membres siégeant à la Convention, il est démontré qu'il n'y avait pas, lors de la déclaration précitée, 500 conventionnels élus, puisque le 4 brumaire suivant on voit que les membres de la Convention qui avaient été nommés furent obligés de se former en comité électoral à l'effet de compléter les deux tiers qui devaient faire partie du Corps législatif (1).

Il est encore à remarquer que les 958,226 électeurs composant le nombre total de ceux qui avaient voté ne représentaient pas la dixième partie des citoyens actifs ayant alors le droit de voter ; d'où il résulte que la réélection des conventionnels n'a été en réalité qu'une fiction, mais une fiction qui laisse le choix des membres qui devaient composer le Directoire exécutif à la merci de la Convention qui allait, ainsi qu'on va le voir, revivre de fait, quoique dissoute de droit.

---

(1) Aux termes de la *Constitution* de l'an III, le Corps législatif devait se diviser en deux conseils, l'un composé de 500 Députés pris parmi les plus jeunes, l'autre appelé le Conseil des Anciens, composé de 250 pris parmi les plus âgés. Le Conseil des Cinq-Cents devait dresser une liste de 50 noms sur laquelle le Conseil des Anciens choisirait 5 noms parmi les plus dignes de composer le Directoire exécutif.

Les élections qui avaient eu lieu le 20 vendémiaire avaient, à la vérité, appelé, pour faire partie du Corps législatif, des députés dont la modération et le patriotisme étaient rassurants, mais ils n'étaient pas en nombre suffisant pour imprimer au gouvernement une impulsion qui fût plus sympathique à l'opinion publique.

On peut juger des dispositions et de l'esprit dont était animé le Conseil des Cinq-Cents par le moyen auquel il eut recours, et le but qu'il se proposait lorsqu'il procéda au choix des membres du Directoire exécutif.

Le 6 brumaire an v, le Conseil des Cinq-Cents, après avoir préalablement décidé dans sa sagesse que le gouvernement ne pouvait être, sans danger pour la chose publique, remis en d'autres mains qu'en celles des députés ayant voté la mort du roi, dressa une liste en tête de laquelle il inscrivit les noms justifiant qu'ils étaient en possession de ce triste avantage et compléta le nombre de cinquante en inscrivant à la suite les noms d'individus inconnus ou dépourvus de tout genre de notabilité, puis il adressa par un message au Conseil des Anciens la liste ainsi composée.

Les Conseil des Anciens dut, à juste titre, se trouver blessé de ce que, par une indigne supercherie, le Conseil des Cinq-Cents eût voulu enchaîner la liberté de ses choix. Une discussion, à cet égard, fut très-vive au sein du Conseil des Anciens : on y agita même la question de savoir si le message ne devrait pas être renvoyé en dénonçant les motifs du refus

de la liste dont il s'agit. Mais, enfin, par diverses considérations qu'il serait inutile de rappeler ici, la liste fut acceptée, et les cinq noms inscrits en tête furent ceux de
Barras, Letourneur, Lareveillère, Rewbel et Sieyès, lesquels
composèrent le Directoire et s'installèrent au Luxembourg
le 13 brumaire suivant (1).

Chacun comprendra qu'après une semblable manière
de procéder, la Convention dut nécessairement avoir la majorité au Corps législatif, qu'elle allait revivre sous un autre
nom, et que, maîtresse de la situation, elle put sans obstacle
effectuer les actes de violence dont il me reste à rendre
compte.

La proclamation du décret du 5 fructidor et de sa prétendue acceptation avait exaspéré tous les esprits dans la
capitale.

Les nombreuses réclamations et les protestations in-
cessantes contre l'exécution de ce décret n'avaient fait qu'ir-
riter la Convention au lieu de la disposer à céder devant les
manifestations de l'opinion publique.

Elle résolut d'employer la force pour vaincre.

Le 11 vendémiaire elle se déclare en permanence et or-
donne la dispersion de tous les attroupements, la dissolution
des assemblées électorales; porte de 1,500 à 10,000 le

---

(1) Sieyès n'accepta pas alors sa nomination.

chiffre de sa garde afin d'être en mesure de combattre la garde nationale qui, dans toutes les sections, s'armait, disait-elle, pour la défense de sa liberté électorale.

Le 13 vendémiaire, le député Barras fut nommé commandant de l'armée de l'intérieur; mais ce général, plus vaniteux que brave (1), appella, près de lui et pour exécuter ses ordres, un jeune officier d'artillerie qui s'était distingué à la reprise du fort de Toulon (2).

Le jeune officier, trop docile peut-être aux instructions qu'il avait reçues, ou les dépassant, triompha de toutes les résistances, mais en immolant nombre de victimes innocentes et faisant couler des flots de sang.

L'impression que firent sur moi tous ces actes de violence fut si profonde, que pour mieux la rappeler et paraître aux yeux du lecteur plus impartial, il me paraît nécessaire de reproduire ici un passage d'un écrit que j'ai publié peu de temps après.

« Vous m'entendez, Français, disais-je alors, c'est du
« 13 vendémiaire que je parle, la patrie pleurera souvent
« sur ce jour de deuil qui la replongea dans des angois-
« ses cruelles, qui la livra encore une fois à la furie des
« monstres dévastateurs dont elle avait été si longtemps la

---

(1) Barras, déserteur des rangs de la noblesse afin de se rendre populaire, se montra chaud républicain. Il voulait parvenir au pouvoir, il y avait réussi, mais c'était pour en abuser, ainsi qu'on pourra le voir plus loin.
(2) Napoléon Bonaparte.

2

« proie. Nous donnâmes sans défiance dans les piéges
« tendus au zèle indiscret par nos implacables ennemis,
« des ruisseaux de sang coulèrent, nous allions rentrer
« sous l'oppression la plus dure; déjà, nous voyons nos fers,
« la vertu était consternée et le crime audacieux s'apprêtait
« de nouveau à répandre au loin l'épouvante et la terreur ;
« mais tu étais là, *généreux Thibeaudau;* vous étiez là, *cou-*
« *rageux et dignes représentants* qui bravâtes avec lui *les*
« poignards pour sauver la liberté ; grâces vous en soient
« rendues, vos noms sont gravés dans nos cœurs, nous les
« transmettrons à la postérité.

« Je cherchais l'explication de l'état d'abattement de tou-
« tes les âmes, la voilà, la véritable ; je la trouve dans cette
« organisation, dernier effort de l'intrigue; elle fut vicieuse
« dans son principe , et a été terrible dans ses conséquences ;
« j'y trouve, ô mes concitoyens ! la vraie cause de votre
« découragement. Que les apologistes du Directoire vantent
« tant qu'ils voudront son républicanisme et son zèle démo-
« cratique, je n'en serai pas moins persuadé qu'il n'a pas
« la confiance de la nation (1). »

La Convention ayant pour elle, comme on a pu le voir,
la majorité, ne tarda pas à manifester ses intentions et l'esprit dont elle était animée. Dès le 25 vendémiaire et sur
une dénonciation de Tallien contre plusieurs députés pré-

---

(1) Sous le titre : *De l'Influence des factions sur l'opinion publique,* 1797.
Paris, chez Maret, cour des Fontaines, Palais-Egalité.

tendus royalistes, deux de ces députés furent immédiatement arrêtés. Le 30 du même mois, une commission dont
Tallien faisait partie fut nommée à l'effet de proposer
des mesures de salut public, mais comme il restait encore dans la Convention quelques hommes courageux et
modérés, la commission de salut public fut supprimée peu
de jours après, et sur la demande de Thibeaudau qui s'éleva
avec énergie contre le règne de la terreur que la majorité
voulait renouveler (1).

La Convention se refusant à marcher dans la voie de la
légalité investit le Directoire, avant même son installation,
du droit de nommer aux places vacantes dans l'administration, dans les tribunaux et même dans les justices de
paix. En d'autres termes, elle annihila à peu près le droit
électoral, et nous dirons bientôt comment elle se rendit maîtresse des nominations au Corps législatif ; de sorte qu'en peu
de temps toutes les places furent occupées par les créatures
du Directoire, par les hommes les plus compromis, par
ceux qui avaient joué le rôle le plus actif durant le règne
de la terreur.

Des plaintes et des réclamations se firent entendre

---

(1) Cambon, l'un des membres les plus utiles de la Convention et surtout des
plus capables en matière de finance, ayant été critiqué par Tallien, à la séance du
18 brumaire an III, à l'occasion de ses opérations financières, dénonça Tallien à
la même séance comme étant l'un des coopérateurs des massacres de septembre
1792 (*Précis des événements de la législation de la Révolution*, p. 120. Ouvrage
publié en 1803 par l'auteur du présent écrit, et édité par Rondonneau, place du
Carrousel.)

même de la part du Corps législatif et devinrent tellement nombreuses et tellement vives que le Directoire aurait pu craindre une explosion s'il ne se fût senti fort de l'appui de l'armée d'Italie, dont les remontrances adressées au Corps législatif donnaient à croire qu'elles avaient été autorisées par le chef de cette armée. Ces remontrances avaient été consacrées par le Conseil des Anciens qui, dans un message spécial, s'était plaint au Directoire de ce qu'il ne s'opposait pas à la publication de ces adresses illégales et contraires à la discipline militaire. Ces plaintes et ces observations furent vaines, elles étaient inutiles dans la situation des choses, parce qu'il était évident qu'un coup d'État allait prochainement éclater. En effet, dès le 20 thermidor an v, le général Augereau, l'un des plus dévoués lieutenants du général Bonaparte, fut nommé commandant de la 17e division dans laquelle était compris le département de la Seine.

Le 18 fructidor suivant, à quatre heures du matin, le canon d'alarme se fit entendre, les enceintes des deux chambres furent cernées par des troupes nouvellement arrivées, et des scènes de violence ne tardèrent pas à avoir lieu. Augereau arracha les épaulettes de Ramel, commandant de la garde du Corps législatif, et de nombreuses arrestations de députés furent opérées.

Le lendemain 19, tous les membres du Corps législatif furent convoqués à l'École de santé où fut rendue une loi renfermant un grand nombre de dispositions, et entre autres celle qui condamnait à la déportation les deux Directeurs Carnot et Barthélemy et 53 députés, qui annulait les élections dans 49 départements, investissait le Directoire du pouvoir de déporter les prêtres, plaçait les journaux sous l'inspection de la police, et permettait la réunion des sociétés populaires.

Ainsi cette loi contient à la fois :

1° La violation de la liberté individuelle ;

2° La violation de la liberté de la presse ;

3° La violation de la liberté électorale ;

4° La violation de la liberté religieuse.

Toutes ces violations ont été les fruits ou les conséquences de la prétendue acceptation de la loi du 5 fructidor an iii, qui était elle-même la plus flagrante violation de la liberté électorale.

Le Directoire, investi pour ainsi dire d'une autorité dictatoriale, inaugura un nouveau moyen d'obtenir des nominations de députés qui toujours lui fussent favorables. Ce moyen était de permettre, d'autoriser, d'encourager au besoin les scissions parmi les électeurs composant les colléges électoraux, dans les chefs-lieux des départements. Là, les électeurs de chaque département avaient la faculté de se diviser en deux colléges, se composant chacun des électeurs dont les principes étaient censés les mêmes.

L'un des deux colléges nommait les députés qu'il croyait les plus disposés à approuver la marche du gouvernement, tandis que l'autre préférait nommer les hommes qu'il présumait devoir se ranger sous le drapeau de l'opposition.

Peu importait au Directoire de savoir de quel côté se trouvait le plus grand nombre d'électeurs ; il déclarait valables les élections qu'il lui convenait de déclarer telles, et annullait celles qui étaient contraires à sa politique.

Cette confusion dans tous les rouages constitutionnels , cet arbitraire là où la liberté seule devait régner ; enfin cette anarchie électorale devait cesser lorsque viendrait luire la journée du 18 brumaire an VIII.

Quand on réfléchit sur les faits qui précédèrent la chute du gouvernement républicain et l'avénement du premier empire, dont nous avons à parler, on est malgré soi conduit à supposer que Bonaparte, —frappé de la rapidité et de l'importance de succès qui avaient été tels, qu'il avait pu, en si peu de temps, dicter à l'Autriche, l'ancienne rivale de la France, les conditions du traité de Campo-Formio, et convaincu de l'incapacité des hommes dans les mains desquels le gouvernement de son pays avait été remis, et qu'il avait été personnellement à même de juger, puisque depuis longtemps déjà, il avait été admis dans la société intime du sybarite Barras, qui tenait au Palais du Luxembourg une espèce de cour, — avait conçu l'espérance de devenir le chef d'un gouvernement plus digne de la France.

Sa conduite adroite, dans diverses circonstances où il avait pu jouer un rôle, les fautes du Directoire et ses revers pendant la durée de son expédition d'Égypte, revers qui avaient fait regretter aux Français l'absence d'un général toujours vainqueur, les ovations dont il fut l'objet à son retour inespéré, tout concourt pour fortifier la conviction que Napoléon a constamment agi dans la vue d'atteindre le but qu'il s'était proposé.

Je n'ai pas à m'ocupper des détails relatifs à l'accueil qu'il reçut, ni des moyens employés pour l'exécution de son coup d'État qui, dans la situation des choses, était une nécessité. Je ne saurais toutefois laisser sans observation un passage de son adresse aux Français, deux jours après son débarquement.

« Vous êtes mal gouvernés depuis deux ans, » a-t-il dit.
A-t-il, par ces paroles, voulu blâmer la conduite du Directoire, antérieure à son départ? Il y aurait eu dans ce cas une grande injustice, car il est démontré, par les faits, que le Directoire n'avait presque jamais agi que sous sa direction? Serait-ce par un calcul machiavélique et dans la vue de rendre un jour le Directoire plus antipathique avec l'opinion publique qu'il lui aurait donné alors cette direction blâmable?

CHAPITRE III.

**Exercice du droit électoral depuis le Directoire
jusqu'à la révolution du 18 brumaire.**

Ce fut après ce grand événement que se montra l'homme
d'État, providentiellement venu pour rasseoir le gouvernement sur ses véritables bases; le héros qui, par une suite
de victoires non interrompue, devait élever la France à
l'apogée de sa puissance et de sa gloire ; qui devait ébranler
tous les trônes de l'Europe, donner ou retirer des cou-
ronnes.

Je n'ai à énarrer ni les hauts faits, ni les grandes créa-
tions en tout genre qui, dans tous les temps, mériteront notre
admiration. Ces hauts faits, ces actes de grande utilité,
sont dans le domaine de l'histoire. Les victoires ne sont-
elles pas déjà gravées sur les marbres de l'arc de triomphe?

Quant à ses fautes, et il en commit de grandes, les désastres de la Bérésina, de Leipzig et de Waterloo resteront pendant longtemps présents à la mémoire. Elles ont fourni à la génération contemporaine la preuve que l'ambition de Napoléon fut plus grande que son génie et sa prévoyance, puisque pour réaliser ses projets qui embrassaient l'Europe entière, il avait compté sur l'appui d'alliances qui n'avaient entre elles aucune cohésion ; sur des alliés qui, au premier échec, pouvaient devenir et sont devenus ses ennemis. Quelque grandes au surplus qu'aient été ses fautes, la France les a oubliées pour ne se souvenir que de ce qu'il a fait de beau et d'utile ; et lorsque vaincu elle l'a su relégué dans une île lointaine, sous la garde du plus dur geôlier, elle s'associa, par la pensée et ses regrets profonds, à cette grande infortune, et lorsque, après une longue captivité, le héros cessa de vivre, elle ne voulut pas que ses cendres restassent abandonnées sur une terre étrangère. Elle envoya l'un de ses princes (1) pour les recueillir et pieusement les déposer dans un monument qui attestera aux siècles futurs que la France fut toujours grande et jamais ingrate.

Tout en reconnaissant que les éclatantes victoires de Napoléon n'ont en rien servi à l'accroissement du territoire français qu'il a, au contraire, laissé dégarni de plusieurs des importantes forteresses élevées par Vauban pour sa défense, il faut bien reconnaître aussi qu'en faisant la conquête de cette magnifique contrée où le héros macédonien

---

(1) Le prince de Joinville.

fonda une ville devenue célèbre par les événements dont elle fut le théâtre et qui porte son nom, il avait pour but, et il l'aurait atteint si la jalouse Angleterre ne s'y fût opposée, d'y établir une colonie qui eût grandement concouru à la prospérité du commerce français. Il eut du moins, dans le séjour trop peu prolongé qu'il y fit, le mérite d'y semer le germe d'une civilisation que la domination des mameluks avait depuis longtemps effacée. N'est-ce pas dans cette province, favorisée par la nature, qu'une compagnie française, présidée par un chef doué d'une rare intelligence et d'une inébranlable fermeté (1), qu'à l'aide de capitaux français fut entrepris, et sera bientôt terminé ce canal merveilleux qui fera de la Méditerranée et de l'Océan une seule mer sur laquelle le commerce pourra, sans obstacle, recevoir et répandre les produits de tous les pays.

Peut-être un jour les Égyptiens reconnaissants voudront-ils graver sur les pyramides des Pharaons les sublimes paroles que Napoléon, s'adressant à son armée victorieuse, prononça, inspiré sans doute par l'aspect grandiose de ces gigantesques et impérissables monuments des premiers âges.

---

(1) M. Ferdinand de Lesseps, avec lequel l'auteur de cet écrit se trouve heureux d'avoir conservé d'anciens et bienveillants rapports.

CHAPITRE IV.

Rentrant dans mon sujet, je dois faire remarquer au lecteur que le système électoral qui avait été réglementé et non
créé en 1789 par l'Assemblée constituante, c'est-à-dire l'élection à deux degrés, avait été pratiqué dans les trois nominations qui avaient eu lieu depuis cette époque jusqu'à la date
de la Constitution de l'an VIII, qui n'avait fait que changer le
mode de manifestation des votes sans déroger au principe des
élections à deux degrés ; que ces trois constitutions (1) avaient
été l'œuvre d'hommes réputés, à leur époque, des plus capables, qu'elles avaient été élaborées avec soin et soumises à

____

(1) La Constitution de 1791, celle de l'an III et celle de l'an VIII.

de sérieuses discussions, qu'ainsi le mode d'élection à deux degrés avait été jugé par eux le plus propre à donner d'heureux résultats dans l'intérêt de la société. Toutefois je ne puis me dispenser de faire sur le nouveau *mode de manifestation* des votes une observation de la plus haute importance. Il semble, en effet, que, tout en conservant le système d'élection à deux ou plusieurs degrés, ce fut par un calcul machiavélique que les électeurs furent désormais privés du droit de faire des élections directes, et n'eurent que celui de présenter, pour les places vacantes, trois candidats, parmi lesquels un nouveau dignitaire créé par la constitution et appelé le grand dignitaire, ferait choix du titulaire.

Il est facile de prévoir que le grand électeur, toujours obséquieux, ne choisirait jamais, parmi les candidats présentés, que celui qui serait le plus agréable à l'empereur (1).

L'acte additionnel aux constitutions de l'empire, auquel avaient concouru Benjamin Constant, Sieyès et Napoléon lui-même, avait rendu aux électeurs la plénitude de leurs droits, et ils en avaient joui, lorsqu'ils procédèrent à la nomination de la Chambre des Représentants dont j'eus l'honneur de faire partie, y ayant été appelé par le collége électoral de mon département. J'eus la douleur, après le désastre de Waterlco, d'en voir fermer les portes par un détachement de troupes prussiennes.

---

(1) Le prince Talleyrand, duc de Bénévent.

Les législateurs improvisés de 1848, en proclamant le suffrage universel, ne s'étaient proposés d'autre but que de conserver le plus longtemps possible le pouvoir qu'ils avaient usurpé.

C'était, selon eux, le moyen de trouver un constant appui dans la classe des prolétaires, dans cette multitude d'individus déclassés, de désœuvrés, auxiliaires toujours prêts pour les insurrections. Ils voulaient enfin créer un état social nouveau, et ils ne l'avaient pas dissimulé dès les premiers jours de leur triomphe. Ils l'avaient révélé dans les circulaires (1) adressées par eux à leurs commissaires, envoyés dans tous les départements, à l'effet de diriger les élections. Si je me suis servi de la dénomination de *prolétaires*, c'est parce que la classe des hommes que je viens de qualifier, existe et existera toujours, même dans les pays les plus civilisés; c'est parce que chez les Romains, cette expression était en usage, et que, chez eux, elle désignait cette foule d'individus sans foyer ou domicile fixe, qui ne pouvait être admise dans les cohortes et ne pouvait jouir du port d'armes; c'est cette foule qu'entendait désigner un écrivain judicieux, lorsqu'il a dit que la loi romaine n'accordait le droit d'avoir des armes qu'à ceux qui avaient des foyers à défendre (2).

---

(1) C'est de la composition de l'Assemblée que dépendent nos destinées. Il faut qu'elle soit animée de l'esprit révolutionnaire, que les électeurs nous donnent des hommes de la veille et non du lendemain, des hommes autant que possible sortis du peuple.

Quels sont vos pouvoirs? Ils sont illimités. Agents d'une autorité révolutionnaires vous êtes révolutionnaires aussi. (Extrait des circulaires des 8 et 12 mars 1848.)

(2) Jean-Jacques Rousseau.

Je n'ai pas assurément l'intention de classer, sous la catégorie de ces prolétaires, les ouvriers paisibles ayant des foyers domestiques et qui, s'il en était besoin, seraient toujours décidés à défendre l'ordre public et à prêter force à la loi.

Mais si à cette époque, si au premier jour de leur facile victoire, ces nouveaux Solons avaient la conviction qu'en décrétant le suffrage universel, ils s'assureraient l'appui de toute la masse inférieure de la société, que cet appui leur suffirait pour conserver leur pouvoir, ils ont pu apprendre, depuis le jour où le prince Louis-Napoléon s'est mis sur les rangs pour obtenir la Présidence de la république, qu'ils s'étaient fait illusion. Leur candidat était un général en possession provisoire de cette haute position. Il avait en sa faveur l'influence non déguisée de la plupart des fonctionnaires publics, tandis que son concurrent, dans cette candidature, était un prince naguère exilé et proscrit, et ce prince, rentré en France malgré leur opposition, l'avait emporté dans la lutte à une immense majorité. Ils ont vu, par ce résultat, ces orgueilleux républicains de la veille, que toutes les fois que les électeurs-conservateurs resteront unis, ainsi qu'ils le furent dans cette occasion, ils l'emporteront toujours, quels que puissent être les efforts de ces usurpateurs de la souveraineté nationale.

Comme je m'appuie, à cet égard, sur l'autorité de lord Macaulay qui, dans un discours prononcé en 1842 à la chambre des communes, a confirmé la vérité de mes observations sur les conséquences du suffrage universel, il me paraît nécessaire d'établir que l'opinion que j'ai émise n'a pas été empruntée ou puisée dans ce discours prononcé par le noble lord, avant que son mérite et ses services ne lui aient ouvert les portes de la chambre haute. Il me suffit de dire qu'en 1866, date de la publication de mon écrit, portant pour titre : *La Réforme électorale*, les œuvres de Macaulay n'étaient pas et ne sont peut-être pas encore traduites en français; que ce n'a été, je le déclare, que par la lecture du rapport fait le 13 juin 1863, par M. Mignet, membre de l'Institut, chargé par l'académie des sciences morales, dont le noble lord était le membre associé, de faire des recherches sur les œuvres de ce dernier, que j'ai appris que, dans l'un de ses discours, il avait exprimé sa pensée sur le suffrage universel, et que je ne dois qu'à l'extrême bienveillance d'une dame française, parlant et connaissant parfaitement la langue anglaise, une copie du discours dont il s'agit. Je puis donc, avec assurance, dire que c'est mon opinion personnelle qui a été confirmée par le discours prononcé à la chambre des communes par Macaulay, en réponse à la pétition des chartistes demandant alors l'adoption du suffrage universel.

« Ma ferme conviction est que, dans notre pays, le suf-
« frage universel est incompatible, non pas avec telle ou
« telle forme de gouvernement, mais avec toutes les formes
« de gouvernement et toutes les choses dans l'intérêt des-
« quelles les formes de gouvernement existent; qu'il est in-
« compatible avec la propriété, qu'il est par conséquent
« incompatible avec la civilisation . . . .

« Si vous cédez aux pétitionnaires, ajouta l'orateur, le
« meilleur de tous les événements que je puisse prévoir, c'est
« qu'il s'élèvera de la confusion un vigoureux despotisme
« militaire, et que l'épée fortement saisie par quelques rudes
« mains, mettra un terme aux misérables naufrages de toute
« cette immense prospérité et de toute cette gloire que les
« nations nous envient. »

CHAPITRE V.

Exercice du droit électoral depuis la Restauration jusqu'à la révolution de 1830.

On a pu voir qu'entre le départ de Napoléon pour son expédition d'Egypte (1) et son retour, il s'était écoulé plus de deux années durant lesquelles les ennemis de la France avaient été vainqueurs sur une grande étendue de ses frontières, et durant lesquelles aussi ce grand capitaine avait presque toujours été aux prises avec l'armée anglaise. On peut se demander comment il a pu se faire que le duc de Provence, réfugié dans une province russe, n'ait pas tenté, sous la protection d'un général français, ce que Charles II

---

(1) Le 29 floréal an VI (1798).

sous celle du général Monck avait heureusement effectué, de remonter sur un trône qui, depuis des siècles, avait été occupé par ses aïeux et qui était vacant ?

Le duc de Provence s'était, avant son émigration, acquis une grande popularité, parce qu'en 1788, à l'assemblée des notables, il s'était formellement prononcé en faveur du tiers-état à l'occasion d'une pétition tendant à lui faire accorder dans les états généraux, qui devaient être prochainement convoqués, une représentation égale à celle des deux ordres réunis. Question qui alors agitait beaucoup les esprits et qui fut résolue par le Conseil d'Etat en faveur des pétitionnaires.

Pourquoi ce prince exilé n'a-t-il pas pu conduire à bonne fin une négociation entamée avec le général Pichegru (1), et en cas d'insuccès, avec le général Moreau qui fut le rival de Napoléon, ou avec tout autre ?

Le duc de Provence eût été alors accueilli comme un libérateur par la nation découragée et qui se sentait humiliée. Il eût été proclamé roi de France *consensu populorum* (2).

Il ne fallait pas attendre que les vainqueurs de Napoléon, que de prétendus alliés vinssent en 1814 l'imposer à la nation, en le présentant comme un gage, comme une garantie

---

(1) Le 19 floréal an v, le Directoire fit imprimer et afficher une lettre du général Moreau, adressée au directeur Barthélemy, et trouvée dans les papiers de ce dernier, après son arrestation. Cette lettre désigne Pichegru comme un conspirateur royaliste. (*Précis des événements*, etc. p. 185.)

(2) Formule d'acceptation des Capitulaires au temps de Charlemagne.

de leur modération : modération qui ne tarda pas à se tra-
duire par un impôt de 750 millions, par le partage de nos
conquêtes, de nos flottes, de nos magasins, de nos forteresses et l'obligation de démolir immédiatement celle de Hu-
ningue et de licencier sans retard notre armée.

Il n'eût pas été nécessaire au nouveau roi de recourir,
pour se maintenir sur le trône, à l'appui des congrégations
religieuses, de prescrire des expiations, des plantations de
croix, d'envoyer partout des missionnaires pour convertir
une nation qui n'était pas coupable, et qui, après les rudes
épreuves que lui avaient fait subir les proconsuls conventionnels, avait plus besoin de consolations que de prédica-
tions.

Le regrettable résultat de tant de vaines démonstrations
fut de voir succéder, à un règne souvent glorieux, celui de
l'hypocrisie et du ridicule, arme à laquelle, chez les Français, rien ne résiste.

Ce n'était pas la nation qui avait renversé les trônes et
les autels aux époques néfastes dont le souvenir s'effacera
difficilement.

La nation n'avait-elle pas, dans maintes circonstances, té-
moigné de son affection pour son roi? Ne lui avait-elle pas,
dans la mémorable nuit du 4 août 1789, décerné par un décret
spécial de ses représentants le titre de restaurateur de la liberté française? et, en septembre 1791, la population pari-

sienne ne s'était-elle pas associée de cœur aux fêtes données à l'occasion de son acceptation de la constitution (1)?

Ceux qui renversèrent le trône, le 10 août 1792, ne furent-ils pas ceux-là mêmes qui, dès 1791, avaient exprimé le désir que l'assemblée nationale prononçât la déchéance du roi Louis XVI (2)?

Qui ne sait ce que furent les turbulents faubourgs Saint-Antoine et Saint-Marceau, qui, séduits et entraînés par les républicains et par les prôneurs d'utopies irréalisables, dont la plupart des auteurs ne tardèrent pas à payer de leur tête le mal qu'ils avaient fait, peut-être sans le vouloir, à la chose publique?

Qui ne sait que, dans leur œuvre de destruction, ils furent puissamment aidés par un bataillon, dit des Marseillais, et qui n'était en réalité que la réunion en un seul corps des plus audacieux bandits de la Provence; bandits qui, arrivés le 30 juillet, furent casernés rue des Cordeliers, et qui, par un décret, furent gratifiés d'une solde de trente sous par jour, à partir du jour de leur arrivée, ce qui peut donner à croire qu'ils avaient été appelés par la Commune de Paris,

---

(1) La Constitution dite de 1791.

(2) Le 17 juillet 1791, il fut signé, au Champs-de-Mars, sur l'autel de la Patrie, une pétition tendant à obtenir de l'Assemblée que la nation fût consultée sur la question de la déchéance du roi. La municipalité (le député Bailly étant maire) fit publier la loi martiale; les séditieux ne se retirant pas, la garde nationale fit feu sur l'attroupement et plusieurs personnes furent tuées. Le maire Bailly fut exécuté plusieurs mois après au Champ-de-Mars, où le peuple se vengea sur lui d'une manière cruelle, le jour de son exécution, le 21 brumaire an II (1793).

où siégeaient déjà de purs républicains. Ce fut de l'hôtel de ville que partirent tous les ennemis du trône, qui, malgré les efforts de la garde nationale, privée de son chef massacré sur les marches de cet édifice, parvinrent à s'emparer du château des Tuileries, massacrant sans pitié ceux qui restaient vivants de la fidèle garde suisse, des soldats vaincus, désarmés et demandant merci.

Ce fut ce bataillon de Marseillais, chez lesquels n'existait aucun sentiment humain, qui, pendant les premiers jours de septembre 1792, protégea les égorgeurs soudoyés qui immolèrent une masse de victimes entassées, à l'avance, dans les prisons de l'Abbaye, de Saint-Firmin, des Carmes et de la Force. Ces égorgeurs purent sans obstacle remplir leur tâche sanglante; l'autorité était absente ou complice.

Ceux qui avaient renversé les autels étaient ceux qui, comme les conventionnels en mission, avaient remplacé la croix dans les églises par le bonnet de la liberté; ceux qui allaient, nouveaux missionnaires, professer dans les chaires catholiques les doctrines les plus subversives; ceux qui en remplacement de l'ancien culte avaient rêvé la possibilité d'un culte à la raison et l'avaient déjà mis en pratique en faisant porter en triomphe, dans les rues et places publiques, leur déesse représentée, en réalité, sous les traits d'une femme le plus souvent sans pudeur.

La Convention elle-même, cette assemblée de philosophes sans philosophie, n'avait-elle pas, le 20 brumaire an II, assisté encore à la fête de la raison dans la cathédrale de

Paris où elle avait chanté avec le peuple une hymne à la déesse nouvelle ; n'avait-elle pas enfin décrété que l'église Notre-Dame serait appelée le temple de la Raison (1) ?

Le coup d'Etat du 18 brumaire mit un terme à toutes ces extravagances ; mais la restauration qui succéda à l'empire fut une réaction dans un sens inverse. Nous avons caractérisé plus haut cette réaction, le lecteur a pu juger si nous avons été trop sévère, ou si nous n'avons été que juste et véridique. Je dois désormais et rentrant dans mon sujet m'expliquer sur la capitale innovation introduite par la restauration dans le mode d'exercice du droit électoral.

Le comte de Provence, rentré en France sous la protection des armées étrangères, s'était placé sous la direction du caméléon Talleyrand, qui, avec le concours de quelques courtisans, rédigea la charte de 1814 qui fut octroyée au peuple français, dit le préambule, et non consentie comme un acte synallagmatique *concensu populorum*.

Mal conseillé, il data son règne non de 1814 mais du jour où le dauphin détenu à la prison du Temple avait cessé de vivre, sans prendre en considération les grands événements et les changements qui avaient eu lieu en France depuis son émigration. On lui persuada qu'il avait

---

(1) Le 17 brumaire an iii le citoyen Gobet, évêque de Paris, et ses grands vicaires, vinrent avec les autorités constituées déclarer à la barre de la Convention qu'ils abdiquaient les fonctions sacerdotales, et ne voulaient plus exercer d'autre culte que celui de la liberté et de l'égalité. (*Précis des événements de la Révolution,* p. 93.)

le pouvoir de créer des institutions nouvelles, de révoquer tous les fonctionnaires en place, pouvoir dont assurément il avait usé largement.

Il paraît cependant qu'il y avait eu, de la part de son directeur politique, plus d'une inconséquence, car les titres conférés par celui qui n'avait pas de pouvoir légitime devaient être considérés comme une usurpation de son droit héréditaire et cesser d'exister. Et cependant ce directeur n'avait pas cru devoir renoncer à son titre de prince ni à celui de duc de Bénévent qui ne lui avaient pas été conférés par le comte de Provence devenu roi. Une autre inconséquence plus frappante encore, ce fut le changement radical opéré à la loi électorale sans le concours du pouvoir législatif, puisque Louis XVI, l'un de ses prédécesseurs, avait sanctionné la loi électorale, créatrice du système d'élections à deux degrés, tandis que la charte octroyée inaugurait un mode d'élections nouveau, c'est-à-dire le vote direct et imposait à l'électeur l'obligation de justifier du payement d'une contribution de 300 francs. Mais, à part la quotité de la contribution qui peut paraître trop élevée, il faut bien reconnaître que les bases sur lesquelles était fondé le système nouveau : la propriété, l'intelligence et l'industrie, sont celles, nous l'avons dit et répété, sur lesquelles devrait être fondé tout système électoral. La proclamation du suffrage universel par les républicains de la veille, en dispensant les électeurs de l'obligation de justifier du payement d'une obligation quelconque, ne fut donc en réalité qu'une réaction dans la vue de se rendre plus populaire.

Et le prince président devenu empereur, en maintenant le suffrage universel malgré ses désavantages palpables, ne put, il ne faut pas en douter, s'y déterminer que par des considérations relatives à sa situation personnelle.

J'ai indiqué ces considérations dans un écrit assez récent ; il serait inutile de les reproduire ici. Je me bornerai à dire que l'admission de tous les Français, sans aucune distinction, au droit de voter ne parut pas au prince président offrir à la société des garanties suffisantes, puisque, près d'un an après les journées néfastes de mai et juin 1848, il proposa par un message spécial à l'Assemblée nationale de faire, à la loi qui avait imposé le suffrage universel, d'importantes modifications; que cette proposition donna lieu à une longue et vive discussion, et qu'enfin une loi portant la date du 31 mai 1850 fut votée par une majorité de 438 contre 229 opposants; que ce fut alors un échec auquel devaient s'attendre les orgueilleux républicains qui cependant étaient là sur le terrain sur lequel ils avaient jusqu'alors triomphé.

Mais il faut rendre justice aux démocrates sages et modérés qui avaient enfin compris le danger de la situation et jugèrent qu'il était désormais plus utile de joindre leurs suffrages à ceux du parti conservateur. Les 10 millions d'électeurs qui, plus tard, votèrent l'acceptation de la Constitution de 1852, dès le rétablissement de l'Empire, durent convaincre les démocrates les plus incrédules qui s'étaient jusque-là fait illusion sur leur nombre et sur leur force.

Toutefois, et pour compléter l'examen des changements

opérés depuis 1789 dans l'exercice du droit électoral, je dois ajouter qu'en novembre 1852, le prince président, redoutant sans doute de trouver dans les 2 millions d'électeurs éliminés par la loi du 31 mai 1850 un trop grand obstacle à l'exécution du coup d'État qu'il avait l'intention de réaliser, avait fait à l'Assemblée nationale la proposition d'abroger cette loi jadis jugée nécessaire, que cette proposition, après avoir été discutée, n'avait été suivie d'aucune détermination, mais que le prince président, devenu dictateur, avait de sa seule autorité abrogé cette même loi et remis en vigueur celle du 15 mars 1848.

Dans la situation actuelle des choses il serait, je crois, inutile d'agiter la question d'illégalité qui peut naître de l'examen du décret du 2 décembre, qui a remis en vigueur la loi du 15 mars 1848. Il me suffit d'avoir signalé ce changement dans la législation relative à l'exercice du droit électoral.

Je crois avoir démontré, soit dans cet écrit, soit dans ceux qui l'ont précédé :

1° Que le droit électoral n'appartient pas à tous;

2° Que ceux auxquels il peut appartenir ne peuvent l'exercer qu'après avoir justifié de conditions déterminées par la loi;

3° Que la loi qui détermine ces conditions ne crée pas une classe de privilégiés, mais seulement la classe des citoyens offrant à la société les garanties qu'elle a droit d'exiger;

4° Qu'avant et après la révolution de 1789 jusqu'à la révolution de 1848, le système d'élections à deux degrés, a toujours été reconnu pour être le meilleur;

5° Que le suffrage direct et universel a été l'innovation la plus téméraire et la plus funeste que le gouvernement provisoire ait pu léguer à la génération de son époque.

CHAPITRE VI.

Exercice du droit électoral depuis la révolution de 1830 jusqu'à celle de 1851.

Je ne croirais pas avoir rempli la tâche que je me suis imposé si je me bornais à l'historique des divers systèmes électoraux mis en pratique depuis 1789. Je me suis proposé un but plus utile et plus digne de l'attention de la génération actuelle. Mais je n'aurais pas atteint ce but si, après avoir constaté que depuis plus de soixante ans les Français n'ont pas joui de la liberté, si nécessaire dans l'exercice du droit de suffrage, je ne démontrais aujourd'hui que tous les moyens d'influence plus ou moins blâmables employés pour fausser les élections n'étant le plus souvent que des opérations matérielles, loin d'être l'expression véritable de l'opinion publique, deviendront inutiles le jour où Napoléon III, se confiant à son étoile, qui l'a jusqu'ici conduit à bon port, voudra honorablement triompher de ses ennemis ou de ses détracteurs, et rendra aux électeurs la liberté de leur suffrage par la suppression des candidatures officielles, qui déconsidèrent pour ainsi dire la nation au dedans comme au dehors.

J'étais encore au mois dernier à Nice, où sous un climat favorisé je vais chaque année abriter mes vieux ans contre les rigueurs de l'hiver, et où, pour cause de santé ou besoin de distractions, affluent dans cette saison des millions d'étrangers qui fréquentent habituellement les divers cercles politiques et littéraires qui y sont établis.

Je n'ai pu, je l'avoue, y parcourir les colonnes d'un journal de la localité sans en être, comme Français, péniblement affecté. Ce journal ne manque pas de lecteurs, et grand nombre d'étrangers et surtout des plus instruits ont pu ainsi que moi les lire.

Quelle impression aura pu faire sur eux la lecture du numéro dont je crois utile de citer les passages suivants :

« Certes, depuis 1852, il serait difficile de soutenir que
« tout a été fait pour le mieux. Il y a suffisante quantité
« de points noirs sur le soleil impérial. Et cependant, la
« majorité de la Chambre n'a-t-elle pas toujours été ac-
« quise à la politique d'où sont sorties ces nombreuses
« taches ?

« . . . .

« Tout ce qu'il y a de plus contradictoire, la majorité de
« nos députés l'a accueilli avec la même confiance. *Jamais*
« elle ne s'est séparée du gouvernement.

« Pourquoi?

« Parce que nos députés ne sont pas députés par nous ;
« parce que c'est le gouvernement qui les nomme, et non
« la population ; parce que les élections sont faites par les
« préfets, par les gardes champêtres, par les maires, par
« les juges de paix, par les fonctionnaires de toutes les admi-
« nistrations ; parce que le bulletin jeté dans l'urne y est
« apporté par les incitations de ces organes du gouverne-
« ment, non par une volonté libre ; parce que nous avons
« des *candidats officiels.*

« . . . .

« Dans l'état actuel des choses, il n'y a qu'un vote qui
« possède une signification : c'est le vote hostile au candidat
« du gouvernement. On a beau se débattre contre cette
« vérité, — ce n'en est pas moins une vérité. Ce vote
« possède une signification, parce que l'opposition ne jouit
« d'aucun moyen de pression matérielle, qu'elle ne peut
« user que d'une influence morale, qu'elle ne peut com-
« battre que par des raisons et des démonstrations. Aussi
« voit-on un fait très-concluant : lorsque les voix gouver-
« nementales demeurent stationnaires, les voix opposantes
« s'enflent chaque jour.

. . . .

« Pas de phrases ! N'allez pas vous prévaloir de l'institu-
« tion du suffrage universel tant que vous le viciez ainsi
« dans son fonctionnement. *Vos députés sont le produit de
« l'administration, non de l'électeur*; l'intérêt les a nom-
« més, non le sentiment politique. Leur responsabilité
« n'existe donc pas, ou plutôt elle n'existe que vis-à-vis du
« pouvoir qui les nomme (1). »

Les uns, les moins jaloux ou les moins malveillants, auront souri, les autres auront dû plaindre une nation con-
damnée à accepter ses représentants sans les avoir nommés
elle-même.

L'auteur n'a pas la prétention de demander que l'empereur
change aucun des articles de la constitution qu'il a présentée
et qui a été acceptée à une immense majorité par le peuple
français. Je demande l'exécution franche et loyale de l'article 36 de cette constitution, qui dit en termes clairs et précis : que les membres du Corps législatif sont *élus* par la loi
du suffrage universel.

A moins que les mots n'aient perdu aujourd'hui leur signification, on doit supposer que le législateur de 1852 entendait par l'article 36 parler d'une élection libre, franche
et volontaire.

Pourquoi le gouvernement de Napoléon, aujourd'hui qu'il
est définitivement assis et constitué, ne reproduirait-il pas la

____

(1) *Phare du littoral méditerranéen*, ou Courrier de Nice, n° du 25 mars 1869.

circulaire que M. de Morny avait fait adresser le 5 décembre
1851 aux électeurs, dans des termes dignes d'un gouvernement qui a confiance dans sa force :

« Le Président de la République entend que tous les élec-
« teurs soient complétement libres dans l'expression de leur
« vote, qu'ils exercent ou non des fonctions publiques, qu'ils
« appartiennent aux carrières civiles ou à l'armée. Indé-
« pendance absolue, complète liberté des votes, voilà ce que
« veut Louis-Napoléon Bonaparte. »

Les canditatures officielles appuyées de tous les moyens
de succès dont le gouvernement peut disposer, ne sont-elles
pas évidemment un obstacle à l'exécution libre et loyale de
l'article précité? Mais on dit, sans le prouver, les organes
du gouvernement: le suffrage universel a besoin d'être dirigé,
c'est une nécessité.

Nous allons essayer de prouver aujourd'hui que cette prétendue nécessité n'existe pas.

Si nous portons nos regards sur l'horizon politique, nous
n'y apercevons que trois partis un peu sérieux et qui dans
une élection générale pourrait faire opposition au gouvernement.

Le parti républicain,

Le parti orléaniste,

Le parti légitimiste.

Il ne s'agit plus que de comparer leurs forces respectives.

Je les ai désignés dans l'ordre des dates où ils ont pris naissance.

C'est sous la république de 1848 que le coup d'Etat de 1851 a eu lieu. Les forces des républicains depuis cette époque ont été faciles à constater. Il faut bien reconnaître qu'à l'aide des commissaires du gouvernement provisoire, et de la terreur qu'avait imprimée dans les esprits le triomphe de l'insurrection, la majorité des électeurs se prononça dans les premiers temps en faveur de l'assemblée dite nationale et *qui le fut si peu.*

Mais cette majorité ne tarda pas à lui échapper aussitôt que les républicains modérés se séparant des plus exaltés eurent fait une sorte d'alliance avec les députés dits conservateurs. Et s'il est facile aujourd'hui de calculer les forces de chacun de ces partis et l'influence qu'ils peuvent exercer sur l'opinion publique, il deviendra également facile de juger si, pour en triompher, il peut être nécessaire de recourir à des moyens évidemment contraires à la saine morale et à la bonne foi.

Lorsque sur la proposition du prince président l'Assemblée nationale se saisit de la question de savoir s'il était opportun ou nécessaire de faire des modifications dans les conditions de l'exercice du droit électoral, le parti républicain se trouva n'être plus que le parti de la minorité, puisque la loi du 31 mai 1850 fut votée malgré son opposition ; enfin, lorsque le 2 décembre 1851 la nation fut consultée sur la question relative au rétablissement de l'empire, la majorité pour l'affirmative fut telle, que le parti républicain put se regarder comme complétement vaincu.

Mais Louis-Napoléon, dans la lutte qui précéda sa victoire, s'était trouvé en présence de plusieurs compétiteurs et tout observateur attentif eût pu prévoir qu'une crise était imminente. Il importait peu sans doute à l'observateur désintéressé quel pût être le parti victorieux ; ce qui lui importait à lui, c'était que le vainqueur fût assez fort pour mettre enfin un terme à l'anarchie et arrêter les progrès du socialisme qui partout se montrait à découvert.

Sans doute le souvenir des jours glorieux pendant lesquels Napoléon Ier avait régné, prédisposait les esprits en faveur de celui qui portait son nom et qui devait, le cas échéant, être son successeur. Mais il faut bien le dire, l'opinion publique aurait aussi accueilli avec satisfaction, soit le comte de Chambord, dont les ancêtres avaient, durant plusieurs siècles, régné sur la France, soit le comte de Paris, dont l'aïeul, depuis les fatales ordonnances de juillet 1830, avait été placé sur le trône de Charles X.

Il me semble nécessaire, indispensable même, avant de passer outre, de rappeler ici certains faits qui furent comme le prélude de ce grand événement.

Je dirai d'abord que, dans les fréquentes revues de l'armée passées par le Président de la République, les cris de : *Vive*

l'Empereur s'étaient plus d'une fois fait entendre ; que le général en chef Changarnier avait improuvé et blâmé ces in-
fractions à la discipline militaire ; que ces manifestations n'a-
vaient nullement paru blesser les oreilles du prince président.
Mais elles avaient paru bien graves et d'un sinistre augure.

Ces signes précurseurs d'un conflit avaient suffisamment
averti l'Assemblée nationale du danger de la situation. Les
partis étaient en présence, et chacun d'eux avait des chances
de succès. L'occasion était favorable, il fallait en profiter, et le
parti bourbonien, au lieu de consumer le temps dans l'examen des moyens de contraindre le pouvoir exécutif à fournir
un supplément de troupes à la garde de l'Assemblée, devait
se concerter et prendre sans retard des mesures efficaces ; il
ne fallait pas attendre que le général Changarnier, bien dis-
posé disait-on, en faveur de l'un ou de l'autre de ces partis et
qui était alors commandant supérieur de la garde nationale
de Paris, fut remplacé par le général Leroy de Saint-Arnaud,
très-dévoué, ainsi qu'il l'a prouvé depuis, au président de la
République. Enfin il fallait agir et non temporiser. Le prince
président, plus habile ou plus heureux, ne fit donc dans son
coup d'État que devancer ses compétiteurs.

Il résulte évidemment de ces faits, que l'on n'a pas dû être
étonné de lire au nom des souscripteurs du monument qui
devait être élevé à la mémoire du docteur Baudin, tué le 3
décembre sur les barricades élevées par les opposants aux mesures violentes ordonnées par le président de la République,
les noms de conservateurs éprouvés et de la plus haute capa-
cité, tels que celui du célèbre avocat Berryer.

C'était sans contredit leur droit, et l'on pourrait ajouter leur devoir, de se montrer opposants au parti qui allait triompher, puisqu'ils avaient la conviction que la dynastie des Bourbons était celle qui convenait le mieux à la nation. Et si l'on veut n'y voir qu'une protestation contre un fait accompli, il ne fallait pas qu'elle fût aussi tardive et qu'elle pût être considérée comme un encouragement à des républicains s'insurgeant ouvertement contre le gouvernement établi.

De tous ces faits, de tous ces événements, il résulte aujourd'hui, comme conséquence.

1° que l'un des trois partis, le parti républicain, que j'ai indiqués comme opposants présumés au gouvernement impérial, ne pourra jamais obtenir la majorité dans les élections ;

2° Que les principes de ces trois partis étant inconciliables, leur coalition dans les élections générales ne sera jamais possible, parce que leur intérêt respectif s'y opposera toujours ;

3° Que le gouvernement, en laissant dans la lutte électorale chacun de ces partis livré à ses propres forces, ne peut avoir rien à craindre, et qu'il a tout à gagner en renonçant à présenter officiellement des candidats ;

4° Qu'il a, au contraire, tout à gagner en rendant aux électeurs leur pleine et entière liberté, parce qu'il peut être assuré de recueillir en définitive, par cette noble détermination, une grande partie des suffrages des électeurs qui se sont, jusqu'à ce jour, abstenus de voter, parce que dans l'opinion de ces électeurs indépendants les candidatures officielles sont une véritable atteinte à la liberté électorale dont i ls ne voudraient pas paraître complices.

5° Enfin, que l'intérêt de tous les Français est de se rallier franchemen sous le drapeau de celui qui y a inscrit les principes de 1789 ; de celui qui déjà et spontanément les a en partie réalisés, de celui qui, dans sa haute intelligence, a pu comprendre que l'alliance du pouvoir et de la liberté sera la plus sûre garantie de la dynastie napoléonienne.

Je crois avoir, dans le récit des faits que j'ai rappelés, distribué l'éloge et le blâme avec une complète impartialité.

Je n'avais, dans ma position, aucun intérêt personnel à déguiser ou à altérer la vérité.

La liberté des élections est la condition capitale et la plus indispensable de tout gouvernement constitutionnel.

C'est la pierre angulaire de l'édifice politique, parce qu'elle est la seule barrière possible contre l'arbitraire et que partout où manque cette barrière, c'est le despotisme plus ou moins habilement déguisé.

Cette vérité est à la portée de tous les hommes qui veulent prendre la peine de réfléchir. Tous n'oseront peut-être pas déclarer ouvertement que c'est également pour eux une vérité ; tous ne sont pas indépendants. Mais Napoléon III n'est pas un homme ordinaire, c'est une haute intelligence mûrie par l'étude et l'expérience, il a dû, l'un des premiers, l'apercevoir et en comprendre toute la portée, toutes les conséquences ; aussi l'auteur de cet écrit a-t-il l'intime conviction que si, arrivé au terme de sa carrière, il était assez heureux pour persuader à l'Empereur, qu'après dix-huit années d'un règne prospère, il est temps de réaliser le programme inscrit dans sa proclamation de 1851, il croirait avoir rendu à son pays le plus éminent service. Il reste toutefois convaincu que l'Empereur, en restituant à la nation qui lui a confié ses destinées futures la plénitude du droit qu'elle réclame, ne ferait en acquittant une dette d'honneur, que ce que son intérêt dynastique, d'accord avec la plus saine politique, lui conseille de faire.

L'auteur, en terminant, croit devoir faire remarquer aux électeurs que celui qui leur adresse un conseil salutaire est un libéral de vieille date dont les principes n'ont jamais varié, chez lequel l'amour de la justice et celui de la vérité se sont, parfois, tellement prononcés, qu'il a cru que, dans l'intérêt public, il devait publier toute sa pensée sur les personnes comme sur les choses.

Que c'est dans le même intérêt, qu'il se permettra de citer ici les titres de plusieurs de ses écrits, et dans la seule vue d'inspirer une plus grande confiance aux électeurs qui en auront connaissance :

1° En 1795, publication d'un pamphlet, sous le titre de *La lanterne de Diogène*, renfermant de grosses vérités.

2° En 1797, publication d'un écrit portant pour titre : *De l'influence des factions sur l'opinion publique.*

3° *Précis des événements et de la législation de la Révolution.*

4° En 1819, *Considérations sur le pouvoir judiciaire et sur le Jury.*

5° En 1821, *Réflexions sur les majorats et sur les substitutions.*

6° En 1829, *Discours prononcé en qualité de président d'une commission de souscripteurs pour la création d'une école Normale, destinée à la formation d'instituteurs primaires.*

7° En 1835, *Observations sur l'institution de la Chambre des Pairs, et sur l'hérédité des titres.*

8° En 1850, Écrit portant pour titre: *Qu'est-ce que le suffrage universel?*

L'auteur se borne aux indications qui précèdent, en ajoutant que le lecteur a pu remarquer qu'il a été fait, dans le présent écrit, plusieurs citations de ceux qui viennent d'être indiqués.

CHAPITRE VII.

Résumé.

. La convocation des colléges électoraux ayant cette année devancé l'époque où d'ordinaire elle a lieu, l'auteur, trompé dans ses prévisions, ne peut espérer de la publication tardive des observations qui précèdent les fruits qu'il en aurait pu attendre, si elle avait eu lieu en temps plus opportun.

Il ne peut se dissimuler qu'à son âge il ne lui est pas loisible d'atteindre pour la réalisation de ses espérances de futures élections ; mais il s'en console en lisant et partageant l'opinion d'un économiste distingué sur les destinées à venir du droit électoral.

« Les lumières et les saines doctrines, dit M. de La
« Vaglaie, ont fait des progrès remarquables. L'opinion,
« nul ne peut le contester, est la reine du monde ; or,
« qui forme l'opinion, sinon ceux qui étudient, écrivent
« et parlent ? Un homme qui pense, même sans voter,
« exerce plus d'influence que cent autres qui votent sans
« penser ; or, régner à l'encontre de ceux qui pensent c'est
« se condamner à n'avoir d'autre appui que la force et le
« nombre ; mais le moment finit toujours par arriver où le
« nombre et la force se mettent du côté de la pensée.

TABLE DES MATIÈRES.

Paris, imprimerie Paul Dupont, rue Jean-Jacques-Rousseau, 41 (1863.5.9).